ISBN 978-3-649-67148-0

Grafische Gestaltung von Manuela Altrichter

www.coppenrath.de

Hans Kruppa

Ich wünsch dir Glück für jeden Tag

Mit Illustrationen von Anne Mußenbrock

COPPENRATH

Weil ich glücklich bin

Weil ich glücklich bin,
lächle ich dem Tag ins graue Gesicht,
um ihm zu zeigen,
daß ich ihn mag,
und wenn er noch so mürrisch
aus der Wäsche schaut
mit seinem Wolkenhimmel
und dem tristen Nieselregen.

Ich werde ihm lustige Dinge sagen,
will ihn zum Lachen bringen,
ihm ein sonniges Gedicht widmen
und ihm so lange zeigen,
wie einzigartig und
wie liebenswert er ist,
bis er nicht mehr weiß,
wohin mit all dem Guten,
das ich ihm schenke –
und mir ein bißchen davon zurückgibt.

Vertrauen ist die Eingangstür

Glück ist Vertrauen ins Leben,
Vertrauen in sich selbst,
Vertrauen ins Vertrauen.

Vollkommenes, wunschloses Glück
kennt keine Zweifel, keine Grenzen,
ist eins mit sich und mit dem Leben.

Bedingungsloses Vertrauen
ist die Eingangstür ins Haus des Glücks.

Seelenfrieden

Ich liege entspannt
im Sonnenschein des Herzens,
schaue in den wolkenlosen
Himmel des Bewußtseins
und genieße den
sanften Fluß des Seelenfriedens,
der sich in mir entfaltet
wie duftende Blütenblätter
und mich tief erfüllt
mit lächelnder Dankbarkeit.

Pure Zuversicht

Glück kennt keine Sorgen,
keine Ängste, keine Zweifel.
Es ist pure Zuversicht,
Heiterkeit und Sicherheit.
Es ist ein vollkommenes Gefühl,
ein perfekter Lebenszustand.

Eine Folge der Harmonie

Glück ist oft nichts anderes
als die natürliche Folge einer Lebensweise,
die den Veranlagungen, dem Charakter,
dem Wesen eines Menschen entspricht –
also eine Folge der täglichen Harmonie
zwischen Bestimmung und Lebensweise.

Nichts von dem,
was ein Mensch haben kann,
ist von so großer Bedeutung
für sein Glück wie das,
was er an sich selbst hat.

Wünsch dir Lebensfreude!

Manche Tage gehen so schnell vorbei, ohne daß etwas geschieht, an das du dich gern erinnern wirst. Du hast gearbeitet, hast etwas geschafft, Notwendiges erledigt. Du warst effektiv, hast dich den Sachzwängen gestellt und das getan, was zu tun war.
Aber hast du wirklich gelebt? Hast du eine Stunde oder wenigstens ein paar Minuten lang das Leben gefühlt – so stark gefühlt, daß du den Alltag dabei vergessen konntest? Hattest du einen Glücksmoment, eine Erfahrung naiver Lebensfreude?
Wenn nicht, nimm es dir für morgen vor! Auch wenn Lebensfreude sich nicht planen läßt: Der Wunsch und Wille, sie zu erleben, rückt sie in greifbare Nähe. Die Hoffnung und Zuversicht, Glücksmomente zu finden, lenken deine Schritte in eine gute Richtung.

Für jeden Tag

Ich wünsch dir
Glück für jeden Tag,
mindestens immer einen Grund,
der dich zum Lächeln bringt,
mindestens immer einen Blick,
der dich innerlich berührt
und dir das Gefühl gibt,
liebend gern zu leben.

Vielleicht kann ich
dir ja etwas davon geben.

Das zauberhafte Lied

Ich kann mein Glück
nicht fassen!
Aber warum sollte ich,
denn es hat mich erfaßt,
zärtlich umarmt
und ein wunderschönes Lied
für mich gesungen –
ein Lied der Freude,
des staunenden Aufgehens
im zeitlosen Augenblick,
eine Melodie gestillter Sehnsucht
und tiefer Wunschlosigkeit –

die zauberhafte Musik
einer perfekten Zeit.

Vergessen

Glück ist Vergessen
all dessen,
was wichtig tut,
aber nicht wichtig ist,
sondern völlig entbehrlich,
ja sogar hinderlich
beim Sicherinnern an die Freude,
die immer da ist
in den Tiefen der Seele,
die immer darauf wartet,
daß man sich in sie sinken läßt
und eins mit ihr wird.

Glück kommt gern unverhofft

Glück ist immer eine Überraschung.
Plötzlich, von einem Moment
auf den anderen,
sieht man die Erhabenheit
der weißen Wolken am Himmel,
entdeckt man die Schönheit
der Blumen am Wegesrand,
sieht man die Pracht
der alten Bäume im Park.
Plötzlich fällt ein Schleier –
und man erkennt und spürt
das Glück, das einen immer umgibt
und das man oft
einfach nur deshalb nicht wahrnimmt,
weil man zu sehr
und zu intensiv mit anderen Dingen
beschäftigt war oder ist.

Glück ist der Blick durch den Schleier
der gewohnten Wahrnehmung,
hinter die Kulissen des Alltäglichen –
ins heitere Herz des Lebens.

Erkenne jeden Tag als eine neue Chance!

Nicht jeder Tag beginnt gut. Manchmal erwachst du aus schlechten Träumen, die nicht gerade den Tagesbeginn erleichtern. Manchmal drängen sich ungefragt unerfreuliche Gedanken in dein Bewußtsein, die trübselige Empfindungen nach sich ziehen und dir die Freude auf den Tag verderben wollen.

Laß dich davon nicht entmutigen oder gar lähmen! Erkenne in jedem neuen Tag, den du beginnst, die Chance, einen Schritt weiter in ein besseres Leben zu gehen. Gib den Tag nicht vor dem Abend auf!

Besinne dich auf deine Interessen und Wünsche, auf deine Talente und Stärken, auf das, was dich belebt und dir Freude macht. Versuche, die einmaligen Möglichkeiten des neuen Tages zu erkennen und zu nutzen.

Auch wenn es dir nicht immer gut gelingen wird – solch eine Einstellung kann auf längere Sicht Wunder wirken.

Von innen

Jäger des Glücks,
legt eure Waffen ab,
gebt euren Ehrgeiz auf,
vergeßt eure Pläne und Strategien –
das Glück ist keine Beute,
die ihr erlegen könnt,
es ist kein Sieg, kein Triumph,
sondern ein Geschenk.

Gebt eure Jagd auf
und geht nach Hause.
Kommt zu euch,
kommt bei euch an,
und vielleicht kommt dann
das Glück zu euch von dort,
wo ihr es am wenigsten vermutet –

von innen.

In dir

Alle suchen auf ihre Art nach dem Glück: in beruflichem Erfolg, in privatem Wohlergehen, auf Reisen in andere Länder, in Begegnungen mit anderen Menschen.
Doch der berufliche Erfolg wird mit der Zeit selbstverständlich, am privaten Wohlergehen nagt die Alltagsroutine, das Reisen hat seine Tücken, und die Begegnungen mit anderen Menschen bringen dir letztlich nicht das Glück, das du dir von ihnen versprichst.
Vielleicht hast du versäumt, es in dir selbst zu suchen?
Findest du es in dir, dann findest du es überall.

Allein das Glück weiss

Es gibt ein Glück,
das wir nicht suchen können,
das uns aber finden kann,
weil wir uns gefunden haben.

Ich werde warten
und meine Sehnsucht lindern
mit dem Gedanken,
daß allein das Glück weiß,
wann die Zeit gekommen ist,
sich uns zu schenken.

So gut wie möglich spielen

Jeder ist seines Glückes Schmied,
jeder ist Gestalter seines Schicksals,
das uns die Karten
immer aufs neue gibt –

doch wie wir damit spielen,
liegt ganz an uns.

Wie ein versunkener Schatz

Am glücklichsten
ist der Mensch,
der nicht eifrig
nach dem Glück strebt,
der es nicht jagt,
ihm nicht nachsetzt,
weil er weiß,
daß es auf dem Grund
seiner eigenen Seele liegt
wie ein versunkener Schatz,
von dem er täglich
eine neue Kostbarkeit
an die Oberfläche
seines Lebens holen kann.

Mit dem Herzen verstehen

Nicht denkend,
sondern fühlend verstehen.
Nicht berechnend,
sondern spontan handeln.
Nicht versäumten Chancen nachtrauern,
sondern kommende Chancen ergreifen.
Nicht den Teufel an die Wand malen,
sondern die Schwarzmalerei
zum Teufel schicken.

So kann Glück entstehen.

Die Sonne scheint immer

Ein Mann kam zum Meister und fragte ihn: „Was ist der Sinn des Lebens?“

„Der Sinn des Lebens besteht darin, glücklich zu sein.“

„Aber wie werde ich glücklich? An manchen Tagen bin ich traurig und deprimiert, und die Sonne des Glücks will nicht scheinen.“

„Die Sonne des Glücks scheint immer“, sagte der Meister. „Sie verbirgt sich nur öfter hinter den Wolken. Wenn du das einmal erkannt hast, kannst du sie auch hinter den Wolken sehen.“

Der Mann dachte eine Weile nach. Dann stellte er fest: „Dazu gehört aber eine gewisse Phantasie.“

Der Meister lachte. „Natürlich. Phantasie ist eine Voraussetzung des Glücks. Und die Fähigkeit, sich an den kleinen Dingen des Alltags zu erfreuen. Nichts für selbstverständlich zu halten. Und jeden Tag als eine Reise zu begreifen, auf der man Dinge entdecken kann, die Freude schenken.“

Ohne daß es ihm bewußt war, begann der Besucher zu lächeln.

„Das Leben ist voller Glücksmomente“, ergänzte der Meister. „Und die Sonne scheint immer. Wenn du das nie vergißt, dann vergißt dich das Glück auch nie!“

Das Glück erkennen

Das Glück ist schon da.
Wir müssen es nur erkennen.
Es ist hinter unserem Rücken.
Wir müssen uns nur umdrehen.
Es will uns berühren.
Wir müssen nur die Arme
nach ihm ausstrecken.

Glück ist erschwinglich –
wenn man mit
den Schwingen der Seele
auf eine emotionale Flughöhe steigt,
in der das Glück
buchstäblich in der Luft liegt.

Die Geschenke des Schicksals

Lebe so, daß du dir, wenn du einmal auf dein Leben zurückblickst, nie eingestehen mußt, daß es an dir vorbeigegangen ist – oder du an ihm.
Nutze die günstigen Gelegenheiten. Sei geistes- und herzensgegenwärtig.
Erkenne die Geschenke des Schicksals und nimm sie dankbar an.
Und überhöre nie das leise Klopfen des Glücks an der Tür deiner Seele.

Jetzt

Ich spüre es!
Ich lasse das Wunder
nicht mehr aus den Augen –
wohin es auch geht,
es geht meinen Weg.

Wir haben lange genug gewartet!

Jetzt werf ich die Zeit
aus dem Fenster,
jetzt mach ich mich auf
und laß mich zu.
Jetzt trau ich mich,
so verrückt zu werden
wie ich bin.

Ein Schatz des Erlebens

Glück ist die überzeugende
Erfahrung des Wunderbaren –
das Gefühl, etwas ganz Kostbares
mit offenem Herzen zu erleben –
das Vergessen der gewöhnlichen Wirklichkeit
im Aufgehen in einer außergewöhnlichen.

Glück ist ein wunschloses,
grenzenlos kostbares Gefühl,
ein Schatz des Erlebens,
ein reiner Genuß des
unerschöpflichen Reichtums
der eigenen Seele.

Wunder

Grosses Glück braucht wenig Platz

Glück ist ein wunderbares Lebensgefühl,
das sich selbst genügt,
das keine Ablenkung braucht
und auch nicht will.
Glück ist durch nichts zu verbessern.
Das Bedürfnis, etwas tun zu wollen,
etwas zu erleben, etwas zu unternehmen,
ist ein Zeichen dafür,
daß das bloße Lebensgefühl
nicht stark, nicht intensiv genug ist,
um sich selbst zu genügen.
Wahres Glück will nichts anderes,
als sich ungestört selbst zu feiern.

Es braucht keine grandiose Landschaft,
keine prächtige Luxusvilla.
Großes Glück hat Platz genug
in einem kleinen Zimmer.

Dank an den Tag

Im Segelboot meiner Lebensfreude
treibe ich auf dem See eines Frühlingstages,
dessen Freundschaft ich genieße,
der mir Sonne schenkt
und frisches klares Licht.
Großzügig verwöhnt er mich,
als seien sie selbstverständlich:
die Heiterkeit, die Schönheit,
die Freiheit, der Frieden –
so nah, so klar und intensiv,
als gäbe es nichts anderes.

Danke, du schöner Tag,
ich werde dich nie vergessen!

Wüste des Alltags

Glücksmomente sind Oasen
in der Wüste des Alltags.
Wir ertragen die Mühen,
Entbehrungen und Enttäuschungen
der täglichen Wüstenwanderung nur,
weil wir die Hoffnung haben,
bald wieder eine Oase zu finden.
Wir leben von der Hoffnung auf das Glück,
wir sehnen uns nach ihm,
weil es einen wunderbaren Zauber auf uns legt.

Im Glücksmoment wird unser Leben,
wie es ist, eins mit unserem Leben,
wie es sein sollte –
Sehnsucht und Wirklichkeit verschmelzen.

Eine Brücke bauen

Der Meister fragte einen Schüler, wie er den Tag verbracht hatte.
„So wie jeden anderen auch“, war die Antwort.
„Das ist unmöglich“, sagte der Meister. „Wie es keine zwei Menschen auf der Welt gibt, die sich in allem gleichen, gibt es keinen Tag, der einem anderen gleicht. Alles, was die Natur uns gibt, ist einzigartig.“
Beschämt von diesen Worten senkte der Schüler den Kopf.
„Und wie wirst du den heutigen Tag verbringen?“ fragte der Meister.
„Im Bewußtsein seiner Einmaligkeit und mit wachen Sinnen für seine versteckten Schönheiten und Überraschungen“, war die Antwort des Schülers.
„Das hast du gut gesagt“, erwiderte der Meister. „Nun mußt du es aber auch gut tun. Denn die Kluft zwischen dem Vorsatz und dem Satz über die Kluft ist oft recht groß. Man muß ein guter Springer sein, um den Abgrund zu überwinden. Oder sich eine Brücke bauen.“
„Aus welchem Material baut man eine solche Brücke?“ wollte der Schüler wissen.
„Aus Geistesgegenwärtigkeit und Geduld, aus Mut und Heiterkeit“, war die Antwort des Meisters.

Ein zauberhaftes Spiel

Manchmal ist Glück ein Puzzle,
dessen Stücke man nach und nach
zusammensetzen muß,
ohne vorher zu wissen,
ob am Ende das eine
oder andere Teil fehlt.
Es ist ein zauberhaftes Spiel,
das man um seiner selbst willen spielt,
aus Faszination, aus Liebe,
aus Freude, aus Leidenschaft –
und wenn man
mit ganzem Herzen dabei ist,
geht es immer gut aus.

Ergreife jede Möglichkeit

Die Zeit vergeht schnell, und sie vergeht um so schneller, je älter wir werden. Die Stunden des Kindes sind länger als die Tage des alten Menschen.
Darum ergreife jede Möglichkeit, Glück zu erleben, die das Leben dir bietet. Ergreife sie mit beiden Händen und ganzem Herzen.
Wenn dann die Möglichkeit nicht zur Wirklichkeit wird, brauchst du dir zumindest nicht vorzuwerfen, es nicht versucht zu haben, sie zu verwirklichen.

Glück schenkt Erfüllung

Glück ist kostbar.
Nicht nur, weil es selten ist,
sondern weil es Erfüllung schenkt.

Glück braucht keine Worte,
keine Bestätigung, keinen Besitz,
keine Vergangenheit, keine Zukunft.
Glück braucht nur sich selbst
zu seinem Glück.

Glückliche Menschen lächeln
über alle Fragen
nach dem Sinn des Lebens,
denn sie spüren ihn
in ihrem Glücksgefühl.

Ein seelisches Lächeln

Glück ist ein Lächeln,
das aus der Seele kommt,
das niemanden beeindrucken
und nichts erreichen will,
das einfach nur ist
und seine Schönheit ausdrückt –
wie ein nächtlicher See
den Zauber des Vollmonds spiegelt.

Lichter

Mit der Flamme
einer Kerze kann man
viele Kerzen anzünden.

Mit der Flamme
eines Glücks kann man
viele Glückslichter anzünden.

Solange du an das Leben glaubst

„Warum sind so viele Menschen unglücklich?“ fragte eine junge Frau den Meister.

„Das kann viele Gründe haben“, entgegnete er. „Einer der häufigsten liegt darin, daß sie nicht so leben, wie sie leben sollten. Jeder Mensch ist einzigartig und hat einen einzigartigen Lebensweg. Doch wenn er diesen Weg nicht geht, sondern aus Unsicherheit, Angst oder Bequemlichkeit in die Fußstapfen anderer tritt, wird er unglücklich. Unglück ist oft nur ein anderes Wort für das Verfehlen des eigenen Lebenssinnes. Sei so, wie du gemeint bist, laß dich nicht verbiegen, bleib deiner Seele treu – und das Glück wird dein Freund sein!“

„Woran erkennt man glückliche und unglückliche Menschen? Viele verbergen ihr Unglück aus Scham, und manche verstecken ihr Glück, um es vor Neid und Mißgunst zu schützen“, sagte die junge Frau.

„Man kann sie leicht voneinander unterscheiden“, antwortete der Meister. „Unglückliche fordern, Glückliche schenken. Unglückliche wollen besitzen, Glückliche möchten lieben. Unglückliche wollen bestimmen, Glückliche lassen dem Leben seinen Lauf. Unglückliche wollen Sicherheit, Glückliche suchen das Leben. Unglückliche laufen der Zeit hinterher, Glückliche gehen mit ihr Hand in Hand.“

Die Besucherin nickte lächelnd. „Warum habe ich das Gefühl, daß das Leben selbst durch deinen Mund zu mir spricht?“

Der Meister zuckte mit den Achseln. „Ich weiß es nicht. Vielleicht, weil ich nie den Glauben an das Leben verloren habe, obwohl ich gute Gründe dafür gehabt hätte. Vielleicht, weil ich das Leben immer geliebt habe, trotz aller Schicksalsschläge, die ich hinnehmen mußte. Und wer muß sie nicht hinnehmen? Jeder Mensch wird vom Leben geschlagen, manchmal auch getreten, aber er darf nie vergessen, daß er auch vom Leben umarmt und geküßt wurde – oder noch werden kann. Solange du an das Leben glaubst, ist alles möglich.“

Offene Türen

Glück ist ein Gefühl,
für das man immer offen,
immer erreichbar sein sollte,
denn gerne kommt es dann,
wenn man es am wenigsten erwartet –
und deshalb sollte man es immer erwarten,
ohne ungeduldig darauf zu warten,
sollte immer eine Tür seiner Seele offenhalten,
damit es nie vergeblich kommt.
Denn es mag offene Türen,
denn es liebt Menschen,
die sich ihm niemals verschließen,
die jede, wirklich jede Chance nutzen
und alles liegen- und stehenlassen,
um es zu umarmen, wenn es sie besucht.

Viel zu viel

Es ist mehr als eine wunderbare Zeit,
die man nicht vergißt.
Es ist mehr als ein Spiel,
mehr als überwältigende Zärtlichkeit.
Es ist mehr als ein Abenteuer,
dessen Zauber man lange noch vermißt,
mehr als ein wildes Strohfeuer.
Es ist viel zu viel –
und dürfte doch nicht weniger sein.

Den Einfachen

Das Glück verschließt sich
den Planern und Rechnern,
den Strategen und Dauerkämpfern.

Es schenkt sich den Einfachen,
den Bescheidenen, den Selbstgenügsamen,
deren Seele kein Parcours des Ehrgeizes,
sondern eine Blumenwiese ist,
die ihren Sinn und Zweck in sich selbst hat.

Finde das richtige Mass

Entscheidend für dein Lebensgefühl ist, daß du in allen Dingen das richtige Maß findest. Das Maß, das deiner Persönlichkeit, deinem Wesen entspricht.
Dafür mußt du dich selbst gut genug kennen. Deshalb ist Selbsterkenntnis der erste Schritt auf dem Weg in ein Leben, das wirklich deins ist.
Höre nicht auf, dich zu fragen, wer du bist, wie das Leben dich haben will, und setze die Antworten in die Tat um, auch wenn es dir schwerfällt.
Manchmal muß man über seinen eigenen Schatten springen, um zu sich selbst zu finden. Und hinterher stellt man oft fest, daß dieser Sprung gar nicht so schwierig war, wie man ihn sich vorgestellt hatte.

Zwei Arten des Glücks

Es gibt ein Glück,
das schreien möchte,
das explodieren will
in seiner Ekstase.
Und es gibt ein Glück,
das ganz still genießt,
das sanft überfließt
und sich selbst genügt.

Beide Arten des Glücks
sind echt und intensiv,
doch die zweite Art
ist von längerer Dauer
und poetischer als die erste.

Glück und Lebenskunst

Glück ist
freies Verfügenkönnen
über die eigene Zeit,
das eigene Tun und Lassen,
die Möglichkeit,
den Tag so zu leben,
wie es einem am besten gefällt.

Lebenskunst ist,
geduldig auf das Glück zu warten
und sich die Wartezeit so gut zu gestalten,
daß man sie vergißt.

Dann kommt das Glück am ehesten.

In völliger Stille

Glück braucht keine Worte,
um sich zu genießen.
Worte und Gedanken
stören es oft nur,
behindern es in seiner Entfaltung,
die sich am schönsten ereignet
in völliger Wort- und Gedankenstille.

Nichts fehlt mehr

Der Mensch sehnt sich
immer nach dem,
was ihm fehlt.

Der Glückliche
kennt kein Sehnen mehr,
denn er fühlt alles,
was ihm fehlte.

Aufatmen

Glück ist manchmal
nur das Ende einer schwierigen Zeit,
nur das Aufatmen
nach einer größeren Belastung,
nur die Erleichterung
nach dem Absetzen einer schweren Last.

Wenn du die Freiheit suchst

Wenn zu schnell vergeht,
was schön genug war,
um länger zu dauern –

wenn das Glück
eine vom Aussterben
bedrohte Gefühlsart zu sein scheint –

wenn du die Freiheit suchst
und findest dich wieder,
umgeben von Mauern:

Dann mache nicht den Fehler,
dich selbst zu bedauern.
Du hast es falsch angefangen.

Du wirst das Glück wieder finden
und wieder verlieren.
Verliere nur nicht dein Verlangen.

Lass alles stehen

Laß das Glück sofort ein, wenn es an deine Tür klopft. Unterbrich selbst die wichtigste Arbeit, laß alles stehen und liegen, um ihm sofort zu öffnen und es zu empfangen, als hättest du dein Leben lang auf sein Kommen gewartet. Denn es kommt nicht oft und wartet nicht lange, wenn es nicht wahrgenommen wird.

Alles nur geschehen lassen

Glück ist ein fließender Müßiggang,
der in einen Tagtraum mündet,
welcher sich nichts erträumen muß,
weil das Traumhafte schon wirklich ist
und spürbar und wirksam –

und es genügt, nichts zu tun
und einfach nur alles geschehen zu lassen.

Das Ziel aller Sehnsucht

Nichts ist tiefer als das Glück,
nichts ist höher, weiter, schöner,
nichts ist größer, wertvoller, himmlischer.
Alle Güter und Werte des Lebens
werden vom Glück überstrahlt.
Nichts kommt ihm gleich,
es ist der Gipfel des Menschenmöglichen,
das Ziel aller Sehnsucht, das Ende jeder Reise.
Und dabei muß man es nicht einmal erstreben,
muß es sich nicht erarbeiten oder erkämpfen,
muß es sich nicht einmal verdienen.
Man braucht nur die Augen der Seele zu öffnen
und es erkennen, es begrüßen und küssen –
und in dieser Umarmung alles vergessen,
sich selbst eingeschlossen.

Der Glückliche sucht nicht

Eine Frau in den mittleren Jahren fragte einen weisen Mann: „Warum ist das Glück wie ein Regenbogen, wie ein Sonnenuntergang, wie eine Sternschnuppe? Großartig, wunderbar, doch viel zu schnell vorbei. Warum kann es nicht so sein wie das Tageslicht, wie das Gras, wie die Bäume? Immer da, jeden Augenblick sichtbar, jeden Tag zu erleben."

„Aber das ist es doch", sagte der Weise und lächelte. „Das Glück ist wie dein eigener Atem. Es ist immer anwesend, immer zugänglich."

„Nein", widersprach die Besucherin energisch. „Es ist selten und vergänglich. Und es vergeht immer zu schnell. Ich habe einige Männer geliebt in meinem Leben. Jeder von ihnen hat mich auf seine Weise glücklich gemacht, doch nach einer Weile ging das Glück fort und hinterließ nur Leere und Traurigkeit. Und die Sehnsucht danach, es noch einmal zu erleben."

„Wir sprechen nicht von derselben Art von Glück", stellte der Weise fest. „Du sprichst vom befriedigten Verlangen, das uns durchaus glücklich machen kann. Doch diese Art von Glück ist nur von kurzer Dauer. Es ist im Grunde nur gesättigtes Verlangen, das sich schon bald wieder auf die Suche nach neuen Zielen begibt."

„Ist Glück denn nicht immer gesättigtes Verlangen?" fragte die Frau.

„Nein. Wahres Glück ist die Befreiung vom Verlangen. Es sucht nicht, sondern hat gefunden. Es geht nicht auf Reisen, sondern bleibt, wo es ist. Es verlangt nicht, sondern ist zufrieden mit dem, was es hat", erklärte der Meister. „Wenn du das liebst, was du hast, bist du glücklich. Wenn du das liebst, was du haben willst, bist du solange unglücklich, bis du es hast. So machst du dich zum Sklaven deiner Begierden. Der Glückliche ist ein freier Mensch. Er findet das, was der Verlangende an anderen Orten und in der Zukunft sucht, im Hier und Jetzt. Das macht ihn unabhängig, macht ihn frei. Das macht ihn glücklich. Der Glückliche sucht nicht – weil er gefunden hat."

Übermut tut gut

Wir sind die Seilchenspringer,
die in der Luft verharren,
wenn niemand hinschaut.
Wir tanzen auf fliegenden Teppichen
und sind wie vom Winde verweht,
wenn der Ernst des Lebens
frustriert vor der Tür steht.
Wir balancieren auf Seifenblasen,
rutschen dem Regenbogen
den Buckel runter
und bringen den Topf mit Gold
zum Überlaufen.

Sind wir dann ganz allein,
vertiefen wir uns
in die hohe Kunst
seelischer Transfusion:
aufgeschlossen
aneinander angeschlossen
geben wir uns das Leben.

Der grösste Schatz

Ich wünsch dir
Freude und Glück –
und daß du niemals
deinen Weg verlierst;
daß du genug Gründe
zu lächeln und zu lachen hast,
aber auch die Traurigkeit verstehst,
wenn sie dir etwas sagen will –

und daß du immer mit Augen siehst,
die Liebe zu entdecken wissen,
denn sie ist der größte Schatz
in unserem Leben.

In der Seele

Glück ist,
wenn man Glück
in den eigenen Augen hat.
Denn wie die Schönheit
im Auge des Betrachters liegt
und alles schön macht,
was er sieht,
liegt das Glück
in der Seele des Erlebenden
und macht alles schön,
was er erlebt.

Eine Quelle des Glücks,
die niemals versiegt,
entspringt dem Grund einer Seele,
die sich selbst genügt.

Gib acht auf deine Gefühle

Eine wesentliche Voraussetzung für das Lebensglück ist die innere Freiheit. Nicht nur die Freiheit von bedrückenden Zwängen, sondern auch die Freiheit von negativen Gefühlen.

Optimistische, wohlwollende und humorvolle Menschen leben nicht nur länger, sondern auch besser und zufriedener.

Laß keine unguten Gefühle die Kontrolle über dein Herz gewinnen. Sie machen dich unfrei und werden nicht nur anderen, sondern auch dir selbst schaden.

Ein wunderbarer Zwischenzustand

Stilles Glück gleicht einer Trance,
einem träumerischen Halbschlaf.
Man ist nicht mehr
in der gewohnten Wirklichkeit,
aber auch nicht
in der Wirklichkeit des Schlafs.
Man gibt sich diesem
wunderbaren Zwischenzustand hin,
in dem man sein Glück so sehr genießt,
daß man von außcn wirkt
wie jemand, der schläft.
Doch innerlich ist man hellwach
und versäumt keinen Atemzug
des kostbaren Geschenks seines Glücks.

Die Leichtigkeit des Seins

Glück ist,
eine seelische Belastung
überstanden zu haben und zu erkennen,
daß Entbehrungen und schwierige Tage,
nachdem sie vergangen sind,
eine wirksame Belohnung hinterlassen.

Man spürt die Leichtigkeit des Seins
mit wohltuender Intensität –
und genießt, was man entbehrte,
mit doppelter und dreifacher
Freude, Faszination und Dankbarkeit.

Glück und Verstand

Wer mehr Glück
als Verstand haben will,
darf seinen Verstand
nicht seinem Glück
in den Weg stellen.

Richtig suchen

Glück ist nur
eine Frage der Zeit,
wenn man die Gelassenheit
und seelische Leichtigkeit hat,
scheinbar negativen Ereignissen
positive Aspekte abzugewinnen.

Es hat noch niemand
das Glück gefunden,
der mit lieblosen Augen
danach suchte.

Dieses Pferd

Diese Skepsis,
diese Vorsicht,
dieses Einordnenwollen,
Aufnummersichergehen –

dieses Pferd,
das der Verstand reitet,
lenkt und zügelt –

dieses Pferd,
das seinen Zauber
und seine Schönheit
nur entfalten kann,
wenn es frei ist.

Ganz auskosten

Betrachte deine Probleme und Sorgen,
deine Fehler und Versäumnisse
im Bewußtsein ihrer Vergänglichkeit,
womit du ihnen
viel von ihrer Macht über dich nimmst.

Koste dein Glück
und deine Freude ganz aus,
gerade weil du dir
ihrer Vergänglichkeit bewußt bist.

Feiere das Leben

Versäume keine Gelegenheit, das Leben zu feiern, denn es wurde dir geschenkt, damit du ihm seine schönsten Seiten abgewinnst.
Natürlich gibt es Tage, an denen dir nicht nach feiern zumute ist. Aber es gibt auch Tage, die freudige Überraschungen bringen, unverhoffte Geschenke und intensive Augenblicke, die dein Lebensgefühl in herrliche Höhen tragen. Solche Tage solltest du feiern und genießen.
Dazu mußt du keine Flasche Champagner öffnen oder in ein edles Restaurant gehen.
Das Leben feiern heißt, sein Herz zu öffnen und die guten Stunden zu umarmen. Es ist die Kunst, die schöne Zeit noch schöner werden zu lassen.

In den Dünen

Wie schön es ist,
in den Dünen zu liegen
und Seifenblasen in den Wind zu pusten,
langsame Gedanken
an aufgeschreckte Hasen
und aufdringliche Ameisen
vorüberziehen lassen,
sich über die Sonne freuen,
daß sie noch immer scheint,
nach allem, was passiert ist –
und neue bunte Schillerkugeln
in den Wind zu werfen,
sie wirbeln, tanzen,
ihre Richtung suchen
und verschwinden sehen …

Am Himmel plötzlich
ein schnurgerader Kondensstreifen,
zum Greifen nah.
Mit einer großen Wäscheklammer
möchte ich dies Gedicht
daran aufhängen.

Wie Sonnenschein

Glück ist wie Sonnenschein,
in dessen Licht alle Farben
in ihrer ganzen Pracht zur Geltung kommen,
in dessen Wärme alle Sorgen,
Ängste und Bedenken schmelzen,
in dessen Heiterkeit sich alle Enttäuschungen
und Kümmernisse auflösen,
bis nichts bleibt als das
genießerische Ein- und Ausatmen
der puren Lebensfreude.

Glück ist sich selbst mehr als genug,
will nicht mehr haben als das, was es hat,
will nicht mehr sein als das, was es ist.

Ein Maßstab der Freundschaft

Zwei junge Frauen, eine Studentin und eine Journalistin, die seit drei Jahren gute Freundinnen waren, saßen auf einer Parkbank und genossen die friedliche Atmosphäre. Den Sonnenschein und blauen Himmel eines schönen Sommertages. Den kleinen See vor ihren Augen und die prächtigen Bäume, die ihn umsäumten. Das Zwitschern der Vögel und den leichten, sanften Wind, der das Gesicht zärtlich streichelte.

„Ich habe gestern abend über uns nachgedacht", sagte die Journalistin. „Dabei ist mir bewußt geworden, daß du meine beste Freundin bist. Die beste, die ich jemals hatte. Daß mir unsere Freundschaft sehr wertvoll ist, und daß ich sie nie verlieren möchte."

Die Studentin war von diesen Worten so berührt, daß sie eine Weile sprachlos war. Als sie schließlich etwas sagte, war es nur ein Wort: „Danke." Und dann ergänzte sie noch: „Ich empfinde es auch als ein großes Glück, daß wir unsere Freundschaft gefunden haben."

Nach einer Weile sagte die Journalistin: „Ich habe gestern auch darüber nachgedacht, ob es einen Maßstab gibt, mit dem man die Größe oder Tiefe einer Freundschaft messen kann. Und ich denke, Vertrauen ist ganz wichtig. Aber auch Vertrautheit, Ehrlichkeit, Ungezwungenheit. Daß man sich so zeigen kann, wie man ist."

„Ja, das alles ist wichtig in einer Freundschaft", stimmte die

Studentin zu. „Aber da gibt es noch etwas anderes. Und vielleicht ist es das Allerwichtigste."

„Woran denkst du dabei?"

„Freude", antwortete die Studentin. „Als ich dich zum ersten Mal sah, fühlte ich eine große Freude, ohne zu wissen, warum. Jetzt weiß ich es: Es war die Freude, dich gefunden zu haben. Und dieser erste Eindruck hat sich inzwischen hundertfach bestätigt. Eigentlich immer, wenn ich mit dir zusammen bin, ist mein Herz froh. Ich habe noch mit keiner Freundin eine solche Freude erlebt. Sicher, wir hatten auch schon mal weniger heitere Stunden, aber was unsere Freundschaft so wichtig macht, ist die Freude, die sie mir schenkt."

Eine Ente kam herbeigeflogen und landete elegant auf der Oberfläche des Sees. Die Vögel sangen in den Bäumen. Die beiden Frauen sahen sich in die Augen und lächelten.

Du schenkst Glück

Du schenkst Leben,
während andere Worte machen.
Du kannst geben,
während andere nehmen wollen.
Du erweckst schlafende Träume,
während andere das Träumen verloren haben.

Du schenkst Glück,
während andere nicht wissen,
wie glücklich Schenken macht.

Vertrauen

Wenn du im Haus der Begegnungen
den Raum des Glücks finden willst,
mußt du deinem Herzen folgen
und über die Schwelle der Skepsis gehen –

denn das Geschenk des Glücks
legt das Leben nur in vertrauensvolle Hände.

Offenheit

Glück ist,
wenn die Liebe
gar nicht klingelt,
weil die Tür
schon offensteht –

und jedes Wort,
das du nicht sagst,
sich in ein Lächeln
verwandelt.

Lebe das Lebenswerte

Sei dir immer der Kostbarkeit
deiner Lebenszeit bewußt
und vertue sie nicht
mit leeren Gesprächen,
sinnlosen Anstrengungen
und fruchtlosen Beziehungen.

Lebe das Lebenswerte,
das dich inspiriert
und dir Glück schenkt.
Gehe dir auf den Grund,
erkenne dein wahres Wesen –
und lebe wesentlich.

Danke

Liebe dein Glück

Vergiß nie, daß dein Glück deine Dankbarkeit zu seiner Entfaltung braucht.
Viele sind undankbar in ihrem Glück und betrachten es als selbstverständlich, als unvergänglich. Bei diesen Menschen bleibt es nicht lange, denn es braucht eine Atmosphäre der Wertschätzung, der Liebe.
Behandle dein Glück wie einen Besucher, von dem du dir wünschst, daß er immer bleibt.

Zeige es!

Wenn du das Glück
in deinem Leben
halten willst,
zeige ihm jeden Tag,
wie sehr du es liebst.

Unterwegs zu sich selbst

Unterwegs
zu sich selbst
ist man ein Leben lang
jeden Tag aufs neue.

Und in den
Momenten wunschlosen Glücks
ist man bei sich angekommen.

Was Glück anzieht

Innerer Reichtum,
Wärme des Herzens,
Tiefe der Seele,
Weite des Geistes,
Größe der Phantasie
sind Eigenschaften,
die das Glück anziehen.

Wer viel an und in sich hat,
dem schenkt das Leben
gern noch mehr.

Sei zuversichtlich

Sei zuversichtlich und geduldig!
Das Leben weiß,
was du wirklich brauchst,
und wird es dir geben.
Vielleicht nicht so schnell,
wie du dir wünschst,
vielleicht auch in ganz anderer Weise,
als du dir vorstellst.

Solange du
deine Hoffnung nicht aufgibst,
Glück zu finden,
wird das Leben dich nicht aufgeben.

In sich versunken

Glück ist, wenn man
so tief in sich versunken ist,
daß man sich
seiner eigenen Versunkenheit
nicht mehr bewußt ist,
sondern nur noch seines Glücks.

Glück ist,
auf einer Matratze zu liegen
und sich so gut zu fühlen,
daß man alles vergißt,
selbst, daß man auf einer Matratze liegt,
weil man immer tiefer
in ein seliges Vergessen sinkt,
dessen Wirklichkeit so sehr befriedigt,
daß man sie nicht gegen
den schönsten Traum eintauschen würde.

Bleib deinen Träumen treu

Vertraue deinem Schicksal,
bleib deinen Träumen treu,
verliere die Hoffnung nicht,
opfere deine Sehnsucht
nicht deinen Erfahrungen.

Denn wenn du deine Hoffnung aufgibst,
verschließen sich die Augen des Herzens
und du erkennst das Glück nicht,
wenn es dir begegnet.

Gehe deinen eigenen Weg

Suche dein Glück nicht auf den Wegen, die von der Mehrheit begangen werden. Du findest es nur auf deinem eigenen Weg, der genauso einmalig ist, wie du es bist.
Du brauchst als Reiseproviant eine gute Portion Mut, Vertrauen in dich und das Leben – und die simple Einsicht, daß jeder Mensch einen einzigartigen Lebensweg hat und niemand den Weg eines anderen gehen kann, ohne Schaden zu nehmen.

Einfach einfach

Es ist so einfach,
das zu lieben,
was glücklich macht;
so einfach,
sich von dem zu lösen,
was lähmt und behindert.
Es ist so einfach,
die richtigen Worte zu wählen
und die falschen ungesagt zu lassen;
so einfach,
ohne Grund zu lächeln
und froh zu sein.

Es ist nicht so einfach,
daß es schon wieder schwierig wäre.

Es ist einfach einfach.

Prioritäten setzen

Glück braucht zu seiner Entfaltung
Freiheit, Spontaneität und Muße.
Es leidet unter Zwang und Streß.

Darum ist es weise,
sein Leben so zu gestalten,
daß man ein Optimum an freier Zeit
und freiem Willen erreichen kann,
auch wenn man dabei auf manche
materielle Güter verzichten muß –
denn zugleich das Geld
und das Glück zu lieben,
ist in der Regel zum Scheitern verurteilt.

Die eigene Wahrheit finden

„Wieviel Sinn hat mein Leben?" fragte ein Mann einmal den Meister.

„Soviel Sinn, wie du ihm zu verleihen vermagst."

„Wie verleihe ich ihm möglichst viel Sinn?"

„Indem du möglichst glücklich lebst."

„Und wie lebe ich möglichst glücklich?"

„Indem du deine wahren Bedürfnisse erkennst und sie befriedigst."

„Und wie erkenne ich meine wahren Bedürfnisse?"

„Indem du dich selbst mit der gleichen Hartnäckigkeit und Beharrlichkeit befragst, wie du mich befragst."

„Wie finde ich heraus, was mich glücklich macht?"

„Indem du dich erkennst. Indem du deine eigene Wahrheit findest. Jeder Mensch hat eine eigene Wahrheit, die sich von den Wahrheiten anderer Menschen unterscheidet. Es ist nicht leicht, sie zu finden, doch man muß sie entdecken, um sich selbst zu finden."

„Und wo soll ich nach ihr suchen?"

„In deiner Seele."

„Und wenn ich sie nicht finde?"

„Du wirst sie finden! So beharrlich, wie du bist."

„Erlaube mir noch eine letzte Frage: Gibt es eine gute Methode, die eigene Wahrheit zu finden?"

„Eine gute Methode ist: herauszufinden, was die eigene Wahrheit nicht ist. Auf dem Weg der Erkenntnis all dessen, was man nicht ist, findet man am Ende die eigene Wahrheit, das eigene Wesen, den eigenen Sinn. Niemand kann diesen Weg für dich gehen. Niemand kann dir deine Wahrheit erklären. Auch ich kann das nicht“, sagte der Meister. „Ein großer Fehler, den viele Menschen auf ihrer Suche machen, ist, die Wahrheit anderer Menschen für ihre eigene zu halten und in die Fußspuren anderer zu treten, anstatt eigene zu erzeugen.“

Seele

Ichvergessenheit

Glück ist Vergessen,
tiefes Sinken in immer
schöner werdendes Vergessen
des Raumes, der Zeit,
der Zukunft und Vergangenheit –
und des eigenen Ichs.

Auf dem Gipfel der Ichvergessenheit
ist das Glück seinem Himmel am nächsten.

Was leuchten will

Was glücken kann,
das kann nur glücken,
wenn eine liebevolle Hand
es berührt
und eine lächelnde Seele
es inspiriert.

Was wirklich leuchten will,
braucht strahlende Augen,
die es betrachten
in atemloser Verzauberung.

Seelenfest

Ich wünsche dir das,
wofür es keine Worte gibt,
was dich sprachlos macht
vor lauter Glück,
was die Gedanken
stillstehen läßt –

und der Augenblick
wird zum Seelenfest.

Weg und Ziel sind eins

Glück ist,
wenn Weg und Ziel eins sind
und das Unterwegssein
ein Ankommen geworden ist
und das Ankommen ein Unterwegssein,
wenn die Widersprüche sich auflösen,
nicht nur in Wohlgefallen,
sondern in wohlig ausuferndem Gefallen.

Vertraue deiner Sehnsucht

Deine Sehnsucht nach dem Glück ist ein guter Wegweiser.
Sie führt dich zu dem, was deine Seele braucht.
Deshalb hab keine Angst vor deiner Sehnsucht, sondern schenke ihr dein Vertrauen, auch wenn sie dich auf Wege führt, die dein Verstand mit Skepsis betrachtet.
Wer seiner Sehnsucht nach dem Glück nicht vertraut, vertraut sich selber nicht.

Geliebte Gegenwart

Wer sich zu viele Gedanken
über seine Vergangenheit
oder zu viele Sorgen
um seine Zukunft macht,
kann sich damit leicht
die Beziehung
zur Gegenwart verderben,
die doch die einzige Zeit ist,
die uns Glück schenken kann –

wenn wir sie liebevoll empfangen.

Erfüllung

Vergnügen ist käuflich.
Glück ist tief und überwältigend –
und für kein Geld der Welt zu haben.
Es ergreift unser ganzes Wesen,
durchdringt es mit Wärme und Licht
und hebt uns auf eine höhere Seinsebene.
Es erfüllt unser Leben mit Lebendigkeit
und unsere Seele mit Seligkeit.

Die Wichtigkeit des Mutes

Ein Abiturient, der sich im unklaren über seinen weiteren Lebensweg war, fragte bei der Abiturfeier seinen ehemaligen Lieblingslehrer, von dem er eine sehr hohe Meinung hatte: „Welchen Weg soll ich am besten durchs Leben gehen?"

„Am besten den besten", antwortete der Lehrer und schmunzelte.

„Mein Vater erwartet von mir, daß ich seinem Beispiel folge, Medizin studiere und Arzt werde, was zweifellos ein sinnvoller Beruf ist. Mein Verstand sagt mir, daß mein Vater recht hat. Doch mein Gefühl wehrt sich mit Händen und Füßen dagegen."

„Treten Sie nicht in die Fußstapfen eines anderen Menschen, auch wenn es noch so verlockend sein mag", riet der Lehrer. „Lassen Sie sich von Ihrem Vater nicht Ihr Leben vorschreiben, selbst wenn er es noch so gut mit Ihnen meint. So einzigartig wie jeder Mensch ist, ist auch sein Lebensweg. Viele riskieren nicht, ihren ureigenen Weg zu suchen, sondern erfüllen lieber die Erwartungen ihrer Eltern und Lehrer oder gehorchen ihren Ängsten oder ihrer Vernunft. Daraus entstehen oft falsche Lebenswege, die in großes Unglück führen können. Ohne eine gute Portion Mut ist es unmöglich, die eigene Berufung zu finden und der eigenen Bestimmung zu folgen."

„Ich muß gestehen, daß ich ein vorsichtiger Mensch bin", sagte der junge Mann. „Sicherheit bedeutet mir viel. Es heißt zwar: Wer nicht wagt, der nicht gewinnt. Aber ebenso wahr ist doch: Wer nicht wagt, der nicht verliert."

„Alle Münzen haben zwei Seiten, auch die Münze der Vorsicht. Sie kann vor Schlechtem schützen, aber sie kann auch Gutes verhindern. Seien Sie mutig und seien Sie ehrlich, vor allem zu sich selbst. Bedenken Sie, daß es im Leben keine Sicherheit gibt, aber unheimlich viel Angst, sie zu verlieren. Lassen Sie sich nicht von dieser Angst verrückt machen, suchen Sie lieber den Sinn Ihres Lebens. Niemand kann das auch nur annähernd so gut wie Sie selbst. Trauen Sie sich etwas zu! Wer immer nur auf Nummer Sicher geht, dem kann sehr viel verloren gehen!"

Der junge Mann war sprachlos, denn er hatte das Gefühl, daß sein ehemaliger Lehrer ihm aus der Seele gesprochen hatte. Er fühlte sich von seinen Worten ermutigt und spürte, daß sie etwas in ihm in Bewegung setzten, das schon lange auf diesen Anstoß gewartet hatte.

Glück ist grundlos

Glück ist,
wenn man
keinen Mangel mehr fühlt,
kein Fernweh,
kein Heimweh hat,
überhaupt kein Weh,
kein Verlangen mehr,
sondern nur noch
überfließende Lebensfreude,
die keinen Grund braucht.

Es geht nicht mehr

Der Tag war gut zu mir,
weil ich gut zu ihm war,
schon am Morgen
seine Freundschaft gesucht
und am Abend
seine Liebe gefunden habe.

Leicht fühl ich mich, frei.
Freitag steht mit Recht
auf dem Kalenderblatt –
den Namen habe ich
beim Wort genommen,
dem Tag das Beste abgewonnen.

Nun fragst du mich,
wie es mir geht.
Ich sage dir:
Es geht nicht mehr –
es fliegt, es schwebt.

Ein seltener Gast

Das moderne, hektische Leben überfordert viele Menschen. Und sie flüchten sich in eine Vielzahl von Süchten und Abhängigkeiten, um ihren Alltag ertragen zu können. Dieses Verhalten entsteht oft aus einer unerfüllt gebliebenen Sehnsucht nach dem Glück, das ein seltener Gast auf unserer Welt ist – dem Glück, das unser Leben mit Sinn erfüllt und unsere Seele mit Seligkeit.

Sinn

Mein Herz ist ein Kind

Mein Herz ist ein Kind,
das die Unvernunft liebt
und lieber Seifenblasen pustet,
als zur Schule zu gehen,
das froh ist ohne jeden Grund
und lacht über den Ernst des Lebens.
Ich habe meine Versuche aufgegeben,
es zu erziehen.
Es ist mir längst
über den Kopf gewachsen,
aber rennt immer noch
den Schmetterlingen hinterher …

Halt –
warte auf mich!

Was das Glück einlädt

Bei und in und mit sich sein.
Im Einklang mit sich selbst stehen.
Nicht nur geistesgegenwärtig,
sondern auch seelengegenwärtig sein.
Sinnlose Ängste aufgeben,
sinnlose Sorgen nicht an sich heranlassen.
Innerlich weich und empfänglich
für Gutes und Schönes sein.

All dies lädt das Glück
zum Kommen und Bleiben ein.

Mit offenen Augen leben

Jeder Tag ist voller neuer Chancen,
dem Glück zu begegnen.
Es kommt darauf an,
diese Chancen zu erkennen
und sie zu verwirklichen.
Dazu muß man mit
in jeder Hinsicht offenen Augen leben –
und mit der Bereitschaft,
etwas oder auch viel zu wagen,
wenn die Wahrnehmung einer Chance
Entschlossenheit und Mut erfordert.

Glück ist nicht planbar.
Man kann es nur einladen,
indem man sein Leben so gestaltet,
daß es das Glück anzieht.

Sinn

Der Sinn unseres Lebens ist,
möglichst glücklich zu sein,
unser Glück zu genießen,
es aber auch mit anderen zu teilen,
um sie zu inspirieren,
ihr eigenes Glück zu entdecken,
zu entfalten und zu verschenken.

Damit sich der Kreis schließt.

Das Geschenk

Ein älterer Mann kam zum Meister und sagte: „Ich liebe meine gute Frau. Und sie liebt mich."
„Das ist wunderbar", sagte der Meister mit einem Lächeln. „Es ist ein großes Glück, einen guten Menschen zu lieben und von ihm geliebt zu werden. Bist du nur gekommen, um mir das zu sagen? Oder bedrückt dich irgend etwas?"
„Nun ja, manchmal bedrückt mich das Wissen, daß unser Glück vergänglich ist. Daß es eines Tages enden wird. Spätestens, wenn einer von uns beiden stirbt. Wenn ich daran denke, hoffe ich, derjenige zu sein, der zuerst stirbt. Doch dann sage ich mir wiederum, daß dies eine egoistische Hoffnung ist. Und daß ich, gerade weil ich meine Frau so sehr liebe, lieber hoffen sollte, nach ihr zu sterben. Denn derjenige, der übrigbleibt, hat das härtere Schicksal, trägt die schwerere Last. Und ich liebe meine Frau so sehr, daß ich bereit bin, die schwerere Last zu tragen."
Nach einer Weile des Schweigens sagte der Meister: „Ich danke dir für dein Geschenk."
„Welches Geschenk?" fragte der Besucher überrascht.
„Fast alle Menschen, die zu mir kommen, suchen bewußt oder unbewußt meine Hilfe. Und ich helfe jedem so gut, wie ich es eben kann. Viele gehen von mir mit dem Empfinden, ein Geschenk erhalten zu haben. Wenn du von mir gehst, werde ich das Gefühl haben, beschenkt worden zu sein", erklärte der Meister.

Wie von selbst

Glück ist keine Beute,
die gejagt werden muß.
Wer dem Glück hinterherläuft,
vergeudet seine Zeit und Kraft.

Glück ist ein Geschenk,
das die glücksfähige Seele
sich selbst machen kann,
und was immer sie sieht
und hört und berührt und fühlt,
wird zu einem Teil ihres Glücks.

Wenn du Glück findest

Wenn du Glück findest,
betrachte und behandle es
wie ein Geschenk des Himmels –
und genieße es,
als sei es das letzte Glück deines Lebens.

Wer sein Glück
für selbstverständlich hält,
hat es schon so gut wie verloren.

Eine Folge der Einsicht

Glück ist manchmal
einfach nur
eine Wirkung der Einsicht,
daß man schon glücklich ist –
die Erkenntnis nach
einer scheinbaren Durststrecke,
daß man genug zu trinken hat –
und daß dies alles ist,
was man im Grunde braucht.

Die Karten des Schicksals

Manches, was dir einfach nicht gelingen will, soll dir vielleicht nicht gelingen.
Denn dieses Gelingen könnte ein Scheitern in einer anderen Hinsicht nach sich ziehen. Ein scheinbar großes Unglück kann dich vor einem noch größeren Unglück bewahren.
Das Schicksal läßt sich nicht in die Karten schauen, und man kann das Spiel erst beurteilen, wenn die letzte Karte auf dem Tisch liegt.
Darum beklage dich nicht zu früh über ein Unglück. Es könnte ein maskiertes Glück sein.

Sehen und Übersehen

Um glücklich zu sein,
muß man das Gute
im Schlechten sehen
und das Schlechte
im Guten übersehen.

So herum

Es ist nicht mein Ziel,
dich glücklich zu machen.

Es ist mein Ziel,
so zu leben,
daß ich so glücklich bin,
daß mein Glück
dich glücklich macht.

Was ich dir wünsche

Die Wahrheit kann dich
genauso gut
zur Entschlossenheit führen
wie der Irrtum.
Die Angst kann dich
genauso gut
zu einer Entscheidung führen
wie der Mut.
Das Vertrauen kann dich
genauso gut
zu einer Erfahrung führen
wie die Skepsis.

Ich wünsche dir die Weisheit,
immer zwischen den guten
und den schlechten Führern
unterscheiden zu können.

Auf der Hand

Das Glück liegt
auf der Hand.

Unsichtbar,
man muß es nur sichten.
Ungreifbar,
man muß es nur begreifen.
Verborgen,
man muß es nur bergen.

Das Glück liegt
auf der Hand –
solange sie sich nicht
zur Faust schließt.

Die wichtigste Erkenntnis

Ein älterer Mann ließ sich in einem Dorf nieder. Nachdem er ein paar Monate dort gelebt hatte, gab es niemanden mehr, der ihn nicht kannte und schätzte. Bald nannten ihn alle Meister. Und das war wohl auch der treffendste Name, den man ihm geben konnte, da er das Leben auf einmalige Weise meisterte. Mit einer Souveränität, einer Eleganz und Leichtigkeit, die man nur bewundern konnte.
Er war den anderen Bewohnern des Dorfes in so mancher Hinsicht überlegen. Doch niemand verübelte ihm das, weil er seine Überlegenheit nicht ausnutzte oder mit Arroganz versalzte, sondern die Früchte seiner Lebenskunst gern mit anderen Menschen teilte.
„Wer einsam lebt, der lebt nur teilweise. Darum teile weise", war einer seiner Ratschläge, die er jedem gab, der sich an ihn wandte – mit einer Frage, einer Sorge, einem Problem. Seine Anwesenheit war für alle Leute ein Segen. Er war die gute und weise Seele des Dorfes geworden. Und alle wünschten ihm ein langes Leben.
Eines Tages fragte ihn der Arzt des Dorfes, der sein bester Freund geworden war: „Wenn du die ganzen Erkenntnisse und Einsichten, die du in deinem Leben gewonnen hast, mit einem Satz ausdrücken müßtest, welcher wäre es?"
„Laß nichts Böses in deinen Gedanken sein", sagte der Meister. „Denn deine Gedanken sind wie Saatkörner, aus denen die Früchte deines Lebens wachsen."

Ohne Grenzen

Glück ist voller Frieden,
doch es ist mehr als Zufriedenheit.
Glück ist voller Freude,
doch es übersteigt jede Freude,
jedes Vergnügen, jeden Spaß.
Glück ist grenzenlos, zeitlos, sprachlos.
Es ist sich seiner selbst bewußt
und weiß, daß es irgendwann enden wird.
Doch dieses Wissen betrübt es nicht,
denn es will keine Ewigkeit.
Es ist dankbar für den Augenblick,
der eine Minute dauern mag,
eine Stunde oder auch länger.
Es ist dankbar für jeden Atemzug
und kennt keine Gier nach mehr,
denn es sind ja gerade
das Ende des Verlangens,
die Aufhebung der Begierde,
die Befreiung von der Sehnsucht,
die ihm seine strahlende Schönheit
und seinen tiefen Frieden verleihen.

Gastfreundschaft

Laß das Glück nie warten,
wenn es an deine Tür klopft,
denn es kommt nicht oft
und wartet nicht lange.
Und es merkt sich die Türen,
die ihm nicht geöffnet wurden.

Behandle das Glück wie einen Gast,
von dem du dir wünschst,
daß er niemals geht.

Der richtige Moment

Laß dein Herz fliegen,
es war noch nie so leicht,
der Himmel hat
die Wolken vergessen,
der Wind trägt
den Duft der Verzauberung.

Spürst du nicht auch,
wie uns die Seele
nach oben trägt?

Die Einstellung entscheidet

Die einfachsten Wahrheiten sind oft die besten. Manche sagen, sie seien banal, aber das ändert nichts an ihrer Wirksamkeit.
Beginne jeden Tag mit einer positiven Einstellung, auch wenn du schlecht oder nicht lange genug geschlafen hast. Auch wer schlecht startet, kann noch gut ans Ziel kommen. Deshalb gib den Tag nicht vor dem Abend auf.
Das mag simpel und abgedroschen klingen. Dennoch ist es eine der besten Regeln der Lebenskunst, denn die Einstellung entscheidet weitgehend über Erfolg oder Mißerfolg. Wie du dem Tag begegnest, so begegnet er dir.

Der innere Sternenhimmel

Glück ist ein unerwartetes Geschenk,
das aus heiterem Himmel kommt,
Körper, Herz und Seele zusammenführt
und harmonisch miteinander tanzen läßt.

Glück ist, die Augen zu schließen,
den inneren Sternenhimmel zu betrachten
und sich zu vereinen
mit seiner geheimnisvollen Pracht –
und dabei alles zu vergessen, was man weiß,
und ganz leer zu werden,
um die Schönheit ganz in sich aufzunehmen,
ein Teil von ihr zu werden,
ein Teil des inneren Sternenhimmels –
und der Grenzenlosigkeit, in der er leuchtet.

Befreiung vom Alltagsbewusstsein

Sich ins Glück fallenlassen ist
wie sich in den Schlaf fallenlassen.
Man gibt die Kontrolle über sich selbst auf
und vertraut sich der Weisheit
des Körpers und der Seele an,
man läßt sich treiben,
über die Grenzen vom Bewußten
vertrauensvoll ins Unbewußte gleiten.

Glück ist lächelnde Entgrenzung,
Befreiung vom Alltagsbewußtsein,
Sinken und gleichzeitiges Steigen
in die schönsten Dimensionen des Lebens.

Glück macht wunschlos

Hast du noch einen Wunsch?
Auf diese Frage antwortet der Glückliche
mit einem lächelnden Nein,
denn es ist das Wesen des Glücks,
den Menschen wunschlos zu machen.

Wunschlosigkeit ist ein großer Segen,
denn in ihr kommen alle Begierden,
alle Bedürfnisse und Sehnsüchte zur Ruhe,
in ihr finden wir den Frieden,
der mit dem wahren Glück
immer Hand in Hand geht.

Glück ist tiefer innerer Frieden –
und tiefer innerer Frieden ist Glück.

Jeder Tag ist gut

Ein weiser Mann wurde von einem Glückssucher gefragt:
„Wie fühlst du dich heute?"
„Gut", sagte der Weise. „Ich fühle mich jeden Tag gut."
„Aber nicht jeder Tag ist gut", erwiderte der Besucher.
„Doch", widersprach der Weise, „jeder Tag ist gut. Auch wenn er schlecht ist. Ich mache ihn gut."
„Wie soll das gehen?"
„Indem ich dem schlechten Tag nicht erlaube, mir ein schlechtes Gefühl zu geben. Und immer wenn mir das gelingt, und es gelingt mir fast immer, spüre ich einen Triumph, eine Freude darüber, daß ich das in mir aufrecht erhalten habe, was immer da ist und was immer gut ist: die angeborene Heiterkeit meiner Seele. Wie schlecht der Tag auch sein mag."
Der Suchende bedankte sich für diese hilfreichen Worte, in denen er eine Weisheit erahnte, die er sich zu eigen machen vornahm.

Unhaltbar

Kein Glück ist von Dauer,
aber auch kein Unglück –
die Vergänglichkeit ist
eine zuverlässige Kraft.
Doch das ist kein
Grund zur Resignation,
sondern ein zusätzlicher Reiz,
das Glück in vollen Zügen
zu genießen,
gerade weil es sich
nicht halten läßt.

Das Leben muss sich ändern

Nichts ist so zuverlässig wie die Ungewißheit und nichts so sicher wie die Vergänglichkeit. Darum genieße den guten Augenblick, die schönen Stunden und Tage in vollen Zügen, denn sie werden vergehen.
Sei nicht traurig darüber. Akzeptiere dieses unumstößliche Gesetz des Lebens mit Gelassenheit und Humor.
Lerne, das Schöne zu umarmen, ohne dich daran zu klammern. Das Leben ist in ständiger Bewegung, immer im Umbruch begriffen.
Es ändert sich und muß sich ändern, um lebendig zu bleiben.

Was es ist

Nichts ist von Dauer
in diesem befristeten Leben,
und sicher ist nur der Tod.
Alles gleitet uns aus den Händen
und wird zu Erinnerungen.

Unter diesen Bedingungen
gibt es keine Alternative
zum Erleben des Glücks.

Man muß nur wissen,
was es ist.

Eine eigene Welt

Das Glück ist eine eigene Welt,
eine Wirklichkeit für sich,
deren Atmosphäre beschwingt,
belebt und tief befriedigt.
Diese Welt ist die
natürliche Heimat der Seele,
von der sie sich durch Fehler
und Irrtümer zwar entfernen kann,
doch zu der sie aber
immer wieder zurückfindet –

bis sie irgendwann
so tief in ihr verwurzelt ist,
daß keine Fehler und Irrtümer
sie dazu bringen können,
den Zugang zu ihr zu verlieren –
bis sie eines Tages so fest
in ihr verankert ist,
daß nichts und niemand mehr
sie daraus vertreiben kann.

Tauchen und Fliegen

Glück ist die tiefe Gedankenstille
und das Lauschen des Herzens
in sich selbst hinein,
das Tauchen der Seele
in ihre bodenlosen Tiefen
und ihr gleichzeitiges Schweben
in ihren grenzenlosen Höhen.

Es ist die wunderbare Freude
des Zusammenfließens aller Widersprüche,
des Erkennens ihres eigentlichen Einsseins –
aus der beschwingten Vogelperspektive der
von aller Alltagsroutine befreiten Seele.

Keine Worte

Ein junger Mann fragte den Meister: „Wie kann ich die höchste Erkenntnis finden, die meinen Geist gelassen, mein Herz froh und meine Seele glücklich macht?“
„Indem du sie nicht suchst“, sagte der Weise. „Und indem du verlernst.“
Der Schüler runzelte die Stirn. „Ich dachte, ich komme zu dir, um etwas zu lernen. Nicht, um etwas zu verlernen.“
„Oft steht das Verlernen vor dem eigentlichen Lernen“, erwiderte der Meister. „Würdest du versuchen, ein Haus auf dem Wasser zu bauen?“
„Natürlich nicht“, sagte der Mann.
„So manches, was du in deinem Leben gelernt hast, ist wie das Wasser, auf dem du nicht das Haus der Glückseligkeit bauen würdest. Du mußt innerlich wieder wie ein Kind werden, das die Welt und das Leben völlig neu entdeckt. Wirf deine Denkgewohnheiten von dir ab. Befreie dich von allem, was du zu wissen glaubst. Mache dich zu einem unbeschriebenen Blatt. Dann komm wieder zu mir zurück. Und ich werde dir helfen.“
„Welche Worte wirst du dann auf dieses unbeschriebene Blatt schreiben?“ fragte der Mann.
„Keine“, sagte der Meister. „Aber ich werde dir einen Stift schenken.“

Entspanntes Segeln

Glück ist das entspannte Segeln
auf dem Meer der Gegenwart
unter einem magischen Sternenhimmel
und einem geheimnisvoll leuchtenden Mond –
ins Herz der Zeit, in die Seele des Lebens,
in die Weite der Ewigkeit des Augenblicks.

Glück ist, wenn alle Unsicherheiten,
Zweifel und Fragen sich auflösen
in der federleichten Gewißheit
einer überfließenden Freude.

Gedankenlos im Augenblick

Die Gedanken sind
von Natur aus flatterhaft,
schwirren ständig in der Vergangenheit
oder Zukunft herum.

Und schon schließt sich
die Tür zum erlebenswerten Augenblick,
weil man unwillkürlich seinen Gedanken folgt.

Laß sie flattern und gaukeln,
ohne ihnen hinterher zu schauen,
gehe gedankenlos im Augenblick auf –
und das Glück ist nah.

Glück ist zeitlos

Glück ist eine friedliche Welt,
in der es Worte wie
Streit, Konflikt, Kampf, Krieg
nicht gibt und nie gab –
eine warme Welt,
zu der die Kälte keinen Zugang findet,
eine weiche Welt,
in der Härte nicht einmal vorstellbar ist,
eine sanfte Welt,
in der das Grobe keinen Platz findet,
eine zeitlose Welt,
in der es keinen Unterschied gibt
zwischen Minuten und Stunden.

Übe dich in Gelassenheit

Das Glück mag den Geduldigen, der erkannt hat, daß alles Gute seine Zeit braucht und sich nicht erzwingen läßt. Also übe dich in optimistischer Gelassenheit – eine Kunst, die dir in fast allen Lebenslagen zum Vorteil gereicht.
Sie wurzelt in der Einsicht, daß alles Schlechte, was geschehen ist, nicht mehr zu ändern ist – und in der Hoffnung, daß alles Gute, was nicht geschehen ist, noch geschehen kann.

Geliebter Augenblick

Dies ist die Nahrung,
die den Hunger
der Sehnsucht stillt:

der ganz erkannte,
ganz gelebte
und geliebte Augenblick,
der das Herz erfüllt,
den Körper liebkost
und die Seele beglückt.

Wenn wir nicht daran denken

Die köstlichsten
Früchte des Glücks
lassen sich nicht
einfach pflücken,
so sehr wir sie
auch begehren mögen.

Doch wenn wir einmal
gar nicht an sie denken,
fallen sie uns plötzlich
in den Schoß.

Glückszeiten

Glückliche Momente
sind ein Geschenk.
Glückliche Stunden
sind eine Seltenheit.
Glückliche Tage
sind ein Segen.
Glückliche Wochen
sind ein Traum.
Glückliche Monate
sind ein Wunder.

Jeden Tag aufs neue

Glück ist ein Geschenk,
das man sich jeden Tag
aufs neue selbst machen kann –
allein schon dadurch,
daß man alles unterläßt,
was den Fluß des Glücks behindert,
was den Seelenfrieden stört
und den Genuß der Gegenwart sabotiert.

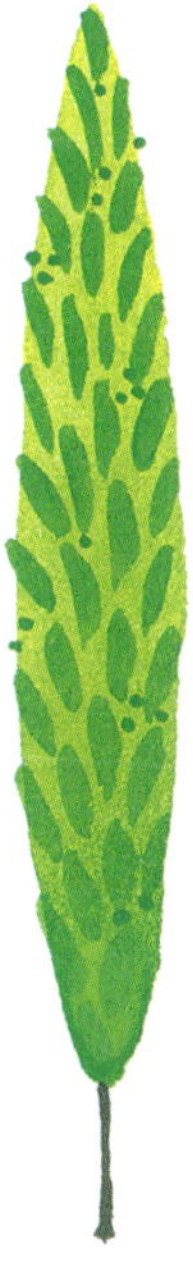

Glückskompass

Wenn du nicht
an dein Glück glaubst,
wird es nicht
den Weg zu dir finden.

Dein Glaube
ist sein Kompaß,
der es zu dir führt.

Humor

Eine befreiende Kraft

Nimm dich selbst nicht so ernst, wenn du mal einen rabenschwarzen Tag erwischt hast, an dem das Leben sich gegen dich verschworen zu haben scheint.
Betrachte deine Situation mit einem humorvollen Blick. Und du wirst vielleicht sehen, daß die Lage gar nicht so ernst – und der Tag noch nicht verloren ist.
Humor, der vor der eigenen Person nicht haltmacht, ist eine befreiende Kraft. Wenn du über dich selbst schmunzeln oder lachen kannst, wirst du auch einem schlechten Tag sein Gutes abgewinnen.

Lebe den guten Augenblick

Lebe den guten Augenblick,
genieße das schöne Gefühl,
vertage das Lebenswerte nie auf morgen.

Morgen kommt zu spät.

Das wahre Leben ereignet sich
immer in der Gegenwart.
Nur in der Tiefe des Augenblicks
findest du den Sinn des Lebens.

Unendliche Geschichte

Du läßt es weiterleben,
dieses verrückte Glücksgefühl,
das in mir wächst,
wenn ich dir nah bin.

Wir sagen uns zwar
„Tschüß" am Telephon,
doch das wortlose
Zwiegespräch unserer Herzen
geht weiter und weiter.

Du läßt es andauern.
Du verstehst die Kunst,
Gefühle zu verschenken,
die keine Zeit kennen.

Intensiv

Der Glückliche lebt so intensiv,
tief und dankbar wie kein anderer.
Jede Minute seiner Zeit ist mit Freude,
Sinn und Schönheit erfüllt.
Er kennt keine Langeweile,
keine Melancholie, keine Zweifel.

Seine Nähe ist ein Geschenk für alle,
die bereit und fähig sind,
sich von seinem Glück anstecken zu lassen.

Zwei Antworten auf dieselbe Frage

Am Ufer eines Teichs saß ein Frosch und quakte vergnügt vor sich hin.
Da landete ein Vogel neben ihm. Der Frosch fragte ihn: „Was ist das für ein Gefühl, wenn man fliegen kann?"
„Ach, nichts Besonderes. Ich stoße mich vom Boden ab, bewege meine Flügel, komme gut voran und erreiche meine Ziele viel schneller als zu Fuß", antwortete der Vogel und flog davon.
Kurze Zeit darauf landete ein anderer Vogel neben dem Frosch. Auch diesen fragte er: „Was ist das für ein Gefühl, wenn man fliegen kann?"
„Oh, das ist einfach wunderbar! Ein berauschendes Gefühl der Freiheit! Eine unsterbliche Liebe zum Wind. Pures Glück! Es gibt nichts Schöneres! Fliegen ist für mich der Sinn des Lebens", schwärmte der Vogel und flog davon.

Zustände des Glücks

Ein langlebiger Zustand
kleinen Glücks
ist wesentlich wertvoller
als ein kurzlebiger Zustand
großen Glücks.

Der erste gleicht
einem kleinen Feuer,
an dem man sich
immer wärmen kann,
wenn man friert.

Der zweite gleicht
einem großen Feuer,
dessen Kraft berauscht,
das aber eine bittere,
meist unverhoffte Kälte
nach sich zieht,
wenn es erlischt.

Sich angstfrei verlieren

Glück ist,
keine Angst zu haben,
sich zu verlieren
in den Weiten des eigenen Bewußtseins,
in den Tiefen der eigenen Seele,
in dem Zauber einer Zeit,
die das Leben verwandelt
in ein sanftes, tiefes Erleben
vertrauensvollen emotionalen Schwebens.

Glück und Geist

Ein Tropfen Glück
ist mehr wert
als ein Becher
voll Geist.

Also ist es geistvoll,
seinen Becher
so zu halten,
daß möglichst
viele Glückstropfen
in ihn fallen.

Urteile nicht vorschnell

Wie du den Tag nicht vor dem Abend loben solltest, darfst du ihn auch nicht vor dem Abend aufgeben.
Manchmal vergeht ein Tag ohne ein nennenswertes Ereignis – ein monotoner Alltag, von dem du nichts mehr erwartest, den du möglichst bald vergessen willst.
Doch dann öffnet sich dir ganz überraschend eine Tür ins Leben.
Und der Abend rettet den Tag und schenkt dir schöne Stunden, die du nicht vergessen wirst.

Wenn alles passt

Glück ist,
wenn alles paßt,
wenn alles miteinander harmoniert
und melodisch kommuniziert,
wenn gar nichts fehlt,
wenn von dem Guten ein Überfluß herrscht
und man sich in tiefem Vertrauen
der Weisheit der eigenen Seele überläßt –

solange der Zauber trägt,
solange die Schönheit fließt.

Staunen

Wenn unser Staunen
grenzenlos ist,
weil die Wirklichkeit dem Wunsch
zutraulich aus der Hand frißt,

dann ist es Zeit,
das Sprachliche zu segnen,
um dem Wunderbaren
grenzenlos sprachlos zu begegnen.

Glück ist ganz nah

Das Glück ist ein Schatz,
aber keiner jener Schätze,
für die es eine Schatzkarte gibt,
denn das Glück hat keinen festen Ort,
den man mit Hilfe eines Planes finden kann.
Und doch ist es nicht in weiter Ferne,
sondern ganz nah,
in einer Gegend der eigenen Seele,
zu der man nur den Zugang finden muß.

Die Fähigkeit, Glück zu empfinden,
hängt viel mehr von unserer
Empfindungsfähigkeit ab als von dem Glück.

Halte dich offen

Halte dich offen für die Freude, die Liebe und die Freundschaft. Betrachte das Leben immer mit Augen, die Schönheit zu entdecken wissen.
Genieße die Freude, aber lausche auch der Traurigkeit, wenn sie dir etwas Wichtiges sagen will.
Und nimm dir Zeit, um alle Aufgaben zu erfüllen, die das Schicksal dir ans Herz gelegt hat.

Die Farben deiner Seele

Du hast
den Schleier aufgelöst,
der viel zu lange
meine Sicht behinderte.

Nun sehe ich die Farben
deiner Seele tanzen
im Rausch des Augenblicks,
der keine Zeit kennt
im Bann unseres Glücks.

Schau tief in den Augenblick

Im Hier und Jetzt
befindet sich die Tür zum Glück.
Manchmal ist es eine Geheimtür,
die auf den ersten Blick nicht
zu erkennen ist.

Darum schau so tief wie möglich
in den Augenblick,
denn manches Schöne und Erlebenswerte
liegt jenseits oberflächlicher Wahrnehmung.

Feuer und Wasser

Glück ist,
wenn die Liebe hinfällt
in die Herzen zweier Menschen,
denen es nicht schwerfällt,
sich seelisch ineinander
fallenzulassen.

Das Feuer des Glücks
können sich nur Menschen
gegenseitig schenken,
die sich das Wasser
der Liebe reichen können.

Kein Widerspruch

„Du wirkst immer so heiter, so fröhlich“, sagte ein Besucher zu dem Meister. „Und das, obwohl du die Welt und die Menschen kennst. Kannst du mir diesen Widerspruch erklären?“

„Warum ist das ein Widerspruch?“ war die Gegenfrage des Meisters.

„Weil der Lauf der Welt und die Taten der Menschen nun mal deprimierend sind“, stellte der Besucher fest. „Auf mich zumindest wirken sie so, und ich bin nicht der einzige. Doch warum bist du es nicht?“

„Weil ich in der Welt lebe“, erklärte der Meister, „aber die Welt nicht in mir leben lasse.“

Bleibe gelassen

Begegne allen Widrigkeiten
mit größtmöglicher Gelassenheit,
und du wirst
deine innere Ruhe bewahren,
die du brauchst,
um die Glücksmomente auszukosten,
die das Leben dir schenkt.

Dankbarkeit

Wenn man sich fragt,
ob das, was man empfindet,
Glück ist oder einfach
nur Freude oder Vergnügen,
muß man nur auf seine Dankbarkeit
für das achten, was man fühlt.

Ist diese Dankbarkeit so groß,
daß sie nicht größer sein könnte,
dann empfindet man definitiv Glück.

Ruhe

Die Antwort

Im Glück schließen sich
alle Kreise und Lücken,
heben sich alle Unstimmigkeiten auf,
erledigen sich alle Fragen,
ruhen alle Begierden.

Im Glück ist das bloße Atmen,
das bloße Sein unendlich kostbar,
unfaßbar wertvoll,
grenzenlos gut und schön.

Glück im Glück

Wenn etwas
Wunderschönes
dich überwältigt
und sprachlos
vor Glück macht –

und niemand
ist weit und breit,
den es stört.

Lebensgenuss

Wenn wir nicht
mehr denken können,
weil wir so sehr
das Leben genießen,
das uns durchströmt –

sind wir dann nicht
undenkbar glücklich?

Im Einklang

Von Glück kann ich reden,
weil der Tag ein schöner ist,
weil ich nur tue, was mir gefällt –
und ich in Einklang bin mit mir
und meiner Welt.

Weit und breit nichts als freie Zeit.
Weil ich sie ungehindert fließen lasse,
schenkt sie mir innere Wärme,
erfüllt mich tief und weit
mit Freude und mit Heiterkeit.

Mehr ist es nicht

„Warum bist du immer so heiter?“ fragte ein Besucher den Meister, der die Siebzig schon überschritten hatte. „Eigentlich müßtest du traurig darüber sein, daß du nicht mehr so jung bist. Daß du den besten Teil deines Lebens schon hinter dir hast.“

Der Meister lächelte. „Der beste Teil meines Lebens ist immer der, in dem ich mich gerade befinde.“

„Viele wissen das und sind trotzdem betrübt“, erwiderte der Besucher. „Was ist das Geheimnis deines Glücks?“

„Daß ich keinen guten Augenblick vor der Tür stehen, sondern in meine Seele eintreten lasse. Meine Tür steht dem Leben immer offen. Wahrscheinlich ist es das, was mich in deinen Augen als glücklich erscheinen läßt.“

„Mehr ist es nicht, als einfach den guten Augenblick zu empfangen?“

„Mehr ist es nicht.“

„Das klingt so einfach“, stellte der Besucher fest.

„Ist es aber nicht“, erklärte der Meister. „Denn die Gedanken sind flatterhaft, schwirren ständig in der Vergangenheit oder Zukunft herum. Und schon schließt sich die Tür zum Augenblick, weil man unwillkürlich seinen Gedanken folgt. Ich habe gelernt, sie flattern zu lassen, ohne ihnen hinterher zu schauen. Das ist alles.“

Magische Melodien

Glück ist, Musik zu hören,
deren Schönheit die Seele verzaubert
und schwerelos macht –
und sie mit tiefer Dankbarkeit erfüllt,
einfach nur lauschen zu dürfen,
sich hingeben zu dürfen –
dem beflügelten Strömen
magischer Melodien.

Glücksgründe

Das gute Buch weiterlesen,
das ich gestern begonnen habe.
An einen Menschen denken,
mit dem vielleicht doch noch
Schönes zu erleben wäre.
Mich freuen, daß der Schnee
schon fast geschmolzen ist
und die Tage wieder länger werden,
daß ich frei bin und mich
wohl in meiner Haut fühle,
daß ich nicht mehr haben will
als das, was ich habe,
und nichts anderes sein will
als das, was ich bin.

Glück kennt keine Zeit

Glück ist
ein weiches Kopfkissen
auf einer bequemen Liege
in einem gemütlichen Raum,
in dem es keine Uhr gibt,
weder am Handgelenk
noch im Kopf.

Hingabe

Sich der schönen Situation
ohne Zögern hingeben.

Aus dieser Hingabe
entsteht Intensität,
erwächst Magie,
die uns auf eine Ebene trägt,
wo in jedem Augenblick
das Glück berührbar ist.

Helle Freude

Du hast mich
so maßlos beschenkt
mit heller Freude,
daß mir
unser Glück
im Gesicht
geschrieben steht.

Jeder kann es lesen,
doch wir
können es leben.

Wünsche für dich

Ich wünsche dir Glück, Liebe, Freude und Lebendigkeit – und daß du immer mehr du selbst wirst.
Ich wünsche dir, daß du viel zu lächeln und zu lachen hast, aber auch die Traurigkeit verstehst, wenn sie zu dir spricht. Und daß du immer mit Augen siehst, die Schönheit zu entdecken wissen.
Und ich wünsche dir Zeit, um in Gelassenheit die Aufgaben zu erfüllen, die das Leben dir ans Herz gelegt hat.

Eine weiche Decke

Glück ist der wohlige Rückblick
auf einen gelungenen Tag.

Ein Lächeln, das von innen kommt.
Eine Stille, die dich warm umhüllt.

Eine weiche, warme Decke,
unter die du dich legst,
um dich den magischen Träumen
eines tiefen Schlafes anzuvertrauen.

Inhaltsverzeichnis

Der Autor

Hans Kruppa ist einer der meistgelesenen deutschen Dichter und Aphoristiker. Er lebt als freier Schriftsteller in Bremen. Seine Gedichte und Märchen, Erzählungen und Romane, Aphorismen und Kurzgeschichten hat er in mehr als hundert Büchern mit einer Gesamtauflage von über zwei Millionen veröffentlicht. Einige seiner Bücher wurden in andere Sprachen übersetzt. Für sein schriftstellerisches Werk wurde Hans Kruppa mit dem New Yorker Otto-Mainzer-Preis ausgezeichnet.

„Er gilt als Meister der Liebeslyrik, als Mann, der mit dem Herzen denkt, als Realist mit Mut zu seinen Gefühlen. Hans Kruppa spielt gekonnt auf der Klaviatur der Zwischentöne und hat damit großen Erfolg." (Westfälische Nachrichten)

„Wer Hans Kruppa zuhört, dem können sich selbst die tristesten Stunden in „eine gute Zeit" verwandeln." (Deutsche Tagespost, Würzburg)

„Kaum ein deutscher Autor ist so vielseitig und erfolgreich wie Hans Kruppa. Ob er Liebeslyrik verfaßt, Märchen erzählt oder Romane schreibt, jedes Mal fließt viel Herzblut in seine Arbeit mit ein." (Visionen)

„Der Lyriker probiert, ohne daß er sich über die gesellschaftspolitische Lage Illusionen machte, auch „Schönwetterworte", und mit ihnen stellt sich Phantasie ein, Leichtigkeit..." (Die Zeit)

Mehr Informationen: www.hans-kruppa.de